뒤늦은
깨달음

하늘에 계신 부모님께 이 책을 바칩니다

박유인
시집

뒤늦은 깨달음

바른북스

차례

제1부 뒤늦은 깨달음

호칭의 무게 · 10
뒤늦은 깨달음 · 12
나의 일 · 14
자화상 · 16
시골버스 · 18
초저녁 · 20
달밤 · 21
버스 종점 · 22
육십 대 · 24
입춘 · 25
비원(悲願) · 26
사랑은 · 27
사랑 참 어렵기도 하여라 · 28
가르쳐 주세요 · 30
내 것 · 32
반포지효 · 34
아가 · 36
애기똥풀 · 37

꽃나무 · 38
오늘에야 알았습니다 · 40
소쩍새 · 42
불신 · 44
소인배 · 45
귀갓길 · 46
철새 떠나던 날 · 47
업 · 48
행복 · 50
터미널에서 · 52
블루베리 · 53
기다리는 마음 · 54
묵시 · 55
오직 두 개만 · 56
면목이 없네 · 58
편협한 사랑 · 60
까닭 · 61

제2부 산다는 건

늦은 점심 · 64
주지스님 · 65
점박이 · 66
들꽃 · 68
도시 나그네 · 70
그이 · 72
오미자 · 74
봄 할머니 · 76
달님에게 · 78
한낮의 갈등 · 80
가을의 소리 · 82
이름 그리기 · 84
이 서방 · 87
가을 산사 · 88
만추 · 90
돌잔치 · 92
너를 보낸다 · 93
걱정 · 96
아픈 기억 · 98
대한 · 100
단짝 · 102

제3부 엄마를 묻고

그날 밤 · 106
낮잠 · 109
사십구재 · 110
생신 · 112
풍경 소리 · 114
기도 · 117
늦잠 · 118
울고 싶었지만 · 120
백학 · 123
남은 인생 · 124
겨울이 저무는 소리 · 126
거짓말 · 128
이유를 모르겠어 · 130
악몽 · 132
다시 봄 · 135
까만 사과 · 138
그분들처럼 · 140
그 후 · 143
콩물국수 · 144
그리움 · 146
겨울나기 · 147
이 나이 되도록 · 148
건망증 · 150

제1부

뒤늦은 깨달음

호칭의 무게

우체국 창구 직원이 날 부를 때
어르신
면사무소 총각 사원이 날 부를 때
선생님
더벅머리 택배기사가 날 부를 때
아버님

언제나 형님 오빠로 남을 줄 알았는데
거침없는 세월의 흐름

어깨에 걸린 호칭의 무게를 가늠해 본다
경박하지 말라는 호칭
어르신
품위 잃지 말라는 호칭
선생님
너그러이 베풀라는 호칭
아버님

그렇게 살리라 마음 다져도
무겁지 않은 것이 없구나

뒤늦은 깨달음

책에서 만난 스님이 말했어
사랑은 집착을 낳고
집착은 번뇌를 낳으니
사랑도 곧 번뇌의 원인이라고
그럴듯해
사랑이 언제나 순탄하고 아름다운 것만은 아니니까

구도자는 사랑마저 버려야 할 테지만
저잣거리에서 머물 곳을 정하지 못하고 방황했던 나는
공짜 지하철이 허락된 나이가 되어서야
깨달았어
사랑이 살아가는 이유라는 걸
사랑이 부족해서 힘들었다는 걸
나를 버릴지언정
사랑만은 꼭 붙잡아야 한다는 걸

엄마의 손가락을 꼭 잡고
젖을 먹는
갓난아기의 앙증맞고 가녀린 손가락이 얼마나

다부지고
간절하던지

사랑도 그렇게 간절하게
꼭 붙잡아야 한다는 걸
뒤늦게 알게 되었어

너무 늦은 건 아닐 거야
그러길 바라

나의 일

산촌에 사는 내가

질곡의 시대를 건너
성장의 시기에 태어난 것은
하늘의 일

살육이 난무하는 전장이 아니라
풍요의 땅에 태어난 것은
하늘의 일

참사를 피해
무탈하게 살고 있는 것은
하늘의 일

나의 행복은 하늘이 내린 은총
겸손하게 나를 낮추는 것은
나의 일

다시 열리는 새벽을 설레는 심장으로 맞이하는 것은

나의 일

밥 한 공기와 국 한 대접의 끼니에 감사하는 것은
나의 일

변함없는 일상에 감동하는 것은
나의 일

남은 시간 동안 나의 일을 게을리하지 않는 것은
나의 일

자화상

머리와 가슴이
하나가 되지 않았던
수많은 날들

머리는 머리대로
가슴은 가슴대로
가는 길이 달라서
혼란스러웠던 날들

머리는 사랑했어도
가슴은 뛰지 않았지

머리는 웃었으나
가슴은 울었지

머리는 깨달았으나
가슴은 어리석었지

머리는 합리적이었으나

가슴은 충동적이었지

하나 된 머리와 가슴을
새 종이에 그리는
사내

시골버스

서울 가던 날 아침에
십오 년 된 고물차가 고장이 났다

집에서 삼거리 정류장까지
헐레벌떡 달려와 올라탄 시골버스에
승객이라곤 아내와 나 달랑 둘뿐

터미널까지 이십 분 내에 갈 수 있을까요
이번 버스를 놓치면 한 시간이나 기다려야 해서요
아내의 조심스런 채근에
한번 가보쥬
인상 구수한 운전수가 엑셀을 밟는다

승객이 찾지 않는 시골버스는
산촌에서 읍내까지 먼 길을
한 번도 쉬지 않고 내달려
마침내 제시간에 도착할 수 있었다

운수가 좋은 날이긴 한데

이러다 노선이 폐지되는 건 아닌가
근심이 앞선다
늙어 운전을 못하게 되면
시골버스 없이
무슨 수로 읍내엘 다녀오겠는가

그때가 영영 오지 않았으면 좋으련만
세월은
시골버스보다 빠르게
휘이익
질주하네 그려

초저녁

북적대던 아이들이 떠나고
산자락에 어둠이 내리는데
마당 가를 서성이다
목을 꺾어 하늘을 보면
붉은 석양 틈새로
희미하게 어리는
얼굴들

벌써 그립구나
아직 골짜기를 벗어나지도 않았을 텐데

달밤

밤은 깊고 적막한데
달빛은 푸르고 허전한데
어지럽게 흩날리는 활자
책을 덮는다
와인 한 모금 마시고
벽에 걸린 사진을 보면
손녀가 웃는다
손자가 웃는다
주름 가득한 사내가
따라 웃는다
자정을 넘는 초침만
제 홀로 깨어있는
산촌의 달밤

버스 종점

산모퉁이 돌아
포장도로가 끝나는 곳
산골마을 버스 종점에는
허름한 비가림막만
제 홀로 휑하다

시골버스는
하루 두 번
빈 차로 와서
잠시 숨을 고르다
빈 차로 돌아간다

텅 빈 버스 종점에서
복사꽃 향기가 머물다 가고
골바람이 쉬었다 가고
배고픈 참새 떼가 부스러기를 고르고
목줄 풀린 흰둥이가 오줌을 지린다

온다고 반기는 이 없고

간다고 아쉬워하는 이 없는
산골마을의 버스 종점
기다리는 이 없어도 시골버스는
하루 두 번 오고 간다

내가 잠시 머물렀던
산촌을 떠날 때에도
흔적 없이
미련 없이 떠날 일이다
산골마을 시골버스처럼

육십 대

새로 시작하는 일보다
마무리해야 할 일이 많은 나이

더 많이 소유하기보다
더 많이 베풀어야 할 나이

사랑하는 이를
더 깊게 사랑해야 할 나이

죽음을 두려워하기보다
순리로 받아들여야 할 나이

주름은 깊고 백발은 늘어도
꿈은 포기하지 말아야 할 나이

입춘

첫걸음마를 배우는
아가의 마음으로 살겠습니다

꽃을 사랑하는
소녀의 마음으로 살겠습니다

밤하늘의 별을 헤는
시인의 마음으로 살겠습니다

서두르지 않는
달팽이의 마음으로 살겠습니다

사과나무를 가꾸는
농부의 마음으로 살겠습니다

폭풍우가 몰아쳐도 꿈쩍 않는
망부석의 마음으로 살겠습니다

비원(悲願)

까탈스럽지 않은 어른이
되게 하소서

나로 인해 상처받는 이
없게 하소서

남을 원망하지
않게 하소서

육신은 사위어도 정신은
시들지 않게 하소서

마지막 순간까지 꿈만은
포기하지 않게 하소서

웃는 얼굴로
잠들게 하소서

사랑은

잊기 쉽고
잃기 쉽고
버리기 쉬운 것

공기처럼
물처럼
없어야
가치를 알 수 있는 것

돌아올 수 없는
먼 곳에 이르러야
눈물겹게
그리워하는 것

사랑 참 어렵기도 하여라

사랑은
받는 게 아니라
주는 거라고 하더라

사랑은
보호하고
책임지고
관심을 가지고
존경하는 거라고 하더라[*]

사랑이
이토록 어려운 줄 알았으면
내 사랑 영원할 거라고
약속하지는 않았을 걸

사랑하려 애쓸 테지만
사랑에 성공할 수 있을지는

---

[*] 에리히 프롬의 《사랑의 기술》에서 인용

나도 모르겠다고
고백할걸

사랑 참
어렵기도 하여라

가르쳐 주세요

습관화된 탐진치(貪瞋痴)는
수행으로
버려야 한다고 하더이다

목구멍에 낀 먼지는
기름진 음식으로
씻어내야 한다고 하더이다

이기심에 오염된
탁한 사랑은
무엇으로 닦아야 하는가요

세상에 변하지 않는 것은 없다고
부처님이 말씀하셨지만
시간이 흘러도 변함없는
티끌 하나 없이
마알간
수정 같은 사랑은

아주 없는 건가요

가르쳐 주세요

내 것

내 통장의 잔고는
바닥을 드러내기 일쑤였소
어쩌다 수위가 높아진 적도 있지만
오래 머물지 못하고
썰물처럼 빠져나갔소

암자에서 몇 계절 머물다
바람결에 떠나는 스님처럼
햇살 쏘인 안개처럼
통장의 잔고는 오래지 않아
행방을 감추더이다

세상에 내 것은 없더이다
구름이 내 것이 아닌 것처럼
냇물이 내 것이 아닌 것처럼
바람이 내 것이 아닌 것처럼
세상에 내 것은 없더이다

산촌의 허름한 오두막도

땀흘려 가꾸는 텃밭도
잠시 머물다 떠나는
나그네의 쉼터일 뿐
내 것은 아니더이다

뜻대로 움직이지 않는
마음도
뒤돌아보지 않는
세월도
내 것이 아니더이다

세상에 내 것은 없더이다
그래서 홀가분한지도 모르는 일이더이다

반포지효

철부지 같던 딸이
아기를 낳고
엄마가 되었다

우는 아기 달래려 밤잠을 설쳐도
짜증 내지 않고
요리 배운 적 없어도
하루 세 끼 이유식 짓고
일터에서 밥벌이를 하다가도
영상통화를 하고
쉬는 날에 늦잠은커녕
아침부터 젖병 삶고
똥기저귀 냄새를 맡고도
구수하다고 빙그레
눈꺼풀이 주저앉아도
행복하단다

선산에 묻힌 어머니도
부엌일 밭일 하며

그렇게 날 키우셨을 텐데
받은 사랑
티끌만큼도 갚지 못하고 보내드렸으니
나 늙어 병치레를 한다고 해도
치사랑받을 생각일랑
기대도 하지 말지어다

내리사랑처럼
치사랑에도 정성을 다해야 한다고
전봇대에 앉아 숨을 고르던 까마귀가
까마귀만도 못한 나를 내려다보며
깍깍깍깍
훈계를 한다

아가

카톡에 올린 아가 사진을 보고
실성한 사람처럼 실실 웃다가
앞집 노총각에게 발각되어
얼른 표정을 감추었습니다

당신을 꼭 닮은 아가를
당신께 보여드릴 수 없어
아쉬운 마음에 솔밭을 거닐다
당신 묻힌 선산을 멀리서 바라보니
하얀 비행운 한 줄기
능선 너머로 사라지고 있었습니다

애기똥풀

그늘마다 흔하디흔한
천덕꾸러기 애기똥풀
볼품은 없어도
노란 진액은 가려움증에 탁월하단다
눈길을 끌지는 못해도
그런 재주가 있었구나

향기롭거나
화려하거나
겉모습에만 마음을 빼앗겨
음지에서 피는 네가
거기 있는 줄
이제야 알았구나

잘나지도 빛나지도 않은
네가 있어
아픈 세상도
견딜 수 있는 것을

꽃나무

그깟 꽃나무는 심어서 뭘 해
그걸 키워 언제 돈을 만들어
차라리 들깨라도 심으면 기름이나 먹을 수 있지
한우부자 송 씨가
솔밭에서 삽질하던 나에게
끌끌 혀를 찬다

그저 웃어넘길 수밖에

내가 사는 산촌은
증조부가 터를 잡았으며
조부가 농토를 일구었으며
부친이 집을 지었다네
후손이 행복한 건
선대(先代) 덕이라네

오늘 심은 꽃나무 한 그루
나 살아있을 때 돈이 안 되면 어때
먼 훗날

아들이나
아들의 아들에게
사랑을 일깨워준다면
그것으로 충분하다네

잠시 머무르다 떠나는 산촌
꽃나무 한 그루쯤 남기는 게
사랑 아니겠는가

오늘에야 알았습니다

산촌에 살면
꽃만 보고 살 줄 알았습니다
굴뚝 위에 낮게 깔린 파란 연기
산자락을 배회하는 안개
논배미를 서성이는 달빛
그런 것만 보고 살 줄 알았습니다

산촌에는 그러나
바퀴에 뭉개진 새끼 뱀
장화 발에 짓이겨진 방아깨비
들고양이에게 뜯긴 병아리
수로에 갇혀 아사한 생쥐
그런 것도 함께 살고 있었습니다

산촌에 살면
새소리만 듣고 살 줄 알았습니다
해 저물 녘 개 짖는 소리
낙숫물 떨어지는 소리
벽난로 장작 타는 소리

그런 소리만 듣고 살 줄 알았습니다

산촌에는 그러나
한숨 소리
신음 소리
아우성
담장을 넘는 욕지거리도
함께 섞여 있었습니다

산촌에 살면
사랑이 절로 오는 줄 알았습니다만
사랑의 눈으로 보고
사랑의 귀로 듣고
사랑의 마음으로 쓰다듬어야
사랑이 온다는 걸
오늘에야 알았습니다

소쩍새

밤이면 밤마다
참나무 숲에서 홀로 우는
소쩍소쩍 소쩍새야
울음을 멈추어라
밤은 깊어
새벽이 멀지 않았단다

그대 잠 못 이루는 사연
짐작 못 할 바 아니나
산다는 건 그런 것
누구든 가슴 속에
돌이킬 수 없는 회한 하나
아물지 않은 상처 하나
묻고 살지 않는 이 있겠느냐
때론 밤을 새워
울고 싶지 않은 이 있겠느냐

어둠 속 홀로
참을 수 없이 외로워도

끝내 날은 밝을 것이며
해는 다시 솟을 것이니
소쩍소쩍 소쩍새야
울음을 멈추어라
그리고 잠들거라

불신

비쩍 마른 떠돌이 개
가던 길을 멈추고 저만치 떨어져서
삽질하던 나를 곁눈질한다
여차하면
줄행랑 놓을 수 있는 거리를 넉넉히 두고
번득이는 경계의 눈초리에
허기진 기색이 완연하다
왠지 모를 측은지심에 등이 떠밀려
부엌에 들어가 먹다 남은 잔반을 가지고 나왔으나
개는 온데간데없고
나목의 그림자만 허전하구나

하기야
나도 나를 못 믿는데
네가 나를 믿겠느냐

소인배

달을 보면 연가를
별을 보면 그리움을
먹구름을 보면 국태민안을
노래해야 하는데

달 밝고
벌레 우는
이 밤

허드레 잡생각에
뒤척이는 나는
정녕 소인배

귀갓길

오래된 친구와
와인 병을 비우고 돌아서는 길
갓난아기 손녀의 해맑은 미소가
발목을 잡는다
할인점 완구코너로 들어가
생전에 그분이 좋아했던 연두색
곰 인형을 집어 든다
평생 사랑이 흘러넘쳤던 그분처럼
자애로운 어른으로 성장하기를 바라며
가던 길을 다시 간다

와인 한 잔의 우정
지폐 한 장의 사랑
그것은 축복
내일도 오늘만 같았으면

철새 떠나던 날

여름 한 철 이웃으로 지낸 철새 무리가
저녁 하늘을 두어 바퀴 선회하다
남녘으로 방향을 튼다
삽질을 멈추고
가물가물 멀어지는 대열을
넋 놓고 바라보는데
대추나무 잎사귀 하나
맨땅에 포르르 내려앉는다
가을이 오는구나
내년에도 그대를 다시 볼 수 있을까
혹시라도 올 수 없다면
계절풍에 실어
소식이라도 전해주렴

대추나무 잎이 질 때 떠난 그대는
기별도 없이 마냥
기다리게만 하는구나

업

텃밭에서 삽질을 하다
동면에 든 참개구리를
두 동강 내고 말았다
바르르 떠는 뒷다리를 버리고
마른 풀섶으로 기어가는
반쪼가리 참개구리

도시에서 돌아오는 밤길
산허리 커브를 돌다
전조등 불빛 속으로 뛰어든 들고양이를
바퀴에 깔았다
등골이 저미는
둔탁한 마찰음

읍내 가는 길
갓길에서 볕을 쬐던 꽃뱀을
속도를 줄이지 못하고
뭉개버렸다

후사경에 비치는
자지러지는 몸부림

사는 동안
나도 모르게 저지른
되돌릴 수 없는
업
어찌할 것인가
탄식만 깊어진다

행복

산골살이 십 년
벌이도 없이
삽질만 하다 보니
잔고는 바닥이고
지갑은 비었습니다

더는
줄 것도
빼앗길 것도 없어
홀가분합니다
빈손이 이렇게
맘 편할 줄이야

다만
사랑의 저수지는
만수위여서
찰랑찰랑
수문을 넘기도 합니다

아직도 줄 게 있어
행복합니다

터미널에서

버스가 도착하려면
삼십 분이나 남았는데
하차장 갓길에 서서
다리 건너 톨게이트를 향해
길게
목을 뺍니다

기다리는 마음은 언제나
설레므로
기다려도
기다려도
지루하지 않습니다

무정세월
기다리기만 하다
눈을 감은
할매도 있는데요 뭘

블루베리

아이야
공원 블루베리는
따먹는 게 아니라
눈으로
보기만 하는 거란다
선생님이 가르칩니다

시골 할아버지는
텃밭 블루베리를
마음껏 따먹으라고
허허 웃었는데요
아이가
고개를 갸웃거립니다

선생님 가르침도
할아버지 마음도
옳다는 걸 알려면
블루베리꽃이
몇 번이나 더 피어야 할까요

기다리는 마음

처음에는 몰랐단다
전깃줄 참새 자매가
그토록 수다스럽게 지저귀던 이유를
둑방 길 코스모스가
별나게 활짝 웃어대던 이유를
밤하늘 작은 별이
초저녁부터 초롱초롱 반짝이던 이유를
뜀박질을 하지 않았는데도
심장이 두근거리던 이유를

오월이 오면
너를 만날 수 있다는
의사 선생님 말에
그제야 알았단다
너를 기다리는 마음이었다는 걸
나보다 더 애타게
너를 기다리는 벗들이
하늘에도 땅에도
가득하다는 걸

묵시

밥을 적게 먹어도
배가 부른 것은
세월을 많이 먹어서 그럴 것이다

12첩 반상을 마주하고도
입맛이 동하지 않는 것은
이골이 나서 그럴 것이다

넘치게 채우려 욕심 부리지 말고
아쉬워도 요긴한 것만 가지라는
가르침일 것이다

해가 떨어지고 있으니
봇짐을 비워야 한다는
묵시(默示)일 것이다

오직 두 개만

원하는 것이라면 무엇이든
가지라 하신다고
두 개뿐인 손으로
세 개를 가질 수는 없잖아요
네 개는 더더욱 그렇고요

오직 두 개만 가지겠어요
한 손에는 사랑을
또 한 손에는 꿈을

왜냐구요
사랑은 넉넉하게 베푼 적이 없고요
꿈은 끝까지 쫓은 적이 없거든요
이제라도 둘 모두 가지고 싶어요

세 개는 싫어요
하나를 내려놓아야 할지도 모르는데
어느 것도
버리고 싶지 않거든요

하지 못한 일을
늦게라도
하고 싶어요
진심인 걸요

면목이 없네

살아남기 위해서는
귀를 막고
입을 닫아야 하네

살아남기 위해서는
구둣발에 차이고도
웃어야 하네

살아남기 위해서는
쓰러진 정의를 보고도
침묵해야 하네

신음하는 정의 앞에서
팔짱 끼고 딴짓하는 하늘을 보면
위로가 될 걸세

사는 게 구차하여
살고 싶지 않더라도

끝끝내 살아남아야 하네

이런 내가 지독히도 역겹지만
무능한 아비의 비굴한 사랑이라고
이해해 주시게

면목이 없네

편협한 사랑

내 사랑은 눈이 멀어
우주는커녕
개울 건너
산마루에도 닿지 못하고
치매에 걸린 애완견처럼
제자리를 맴돌며
집안에서만 더듬거렸나이다
편협한 사랑은
사랑이 아니었으므로
더는 사랑을
입에 올리지 않겠나이다
다만 사랑하며 살겠다는 결기만은
버리지 않겠나이다

까닭

이번 생이 행복한 까닭은
사랑했기 때문
사랑받았기 때문

다시 태어나 또 한세상
사랑하며 살겠느냐고 묻는다면
침묵할 수밖에

생의 끄트머리에서
피할 수 없는 이별이
두려운 까닭에
대답을 미룰 수밖에

제2부

산다는 건

늦은 점심

속이 훤히 비치는 통유리 매장에서
등산복 셋이서 흰머리를 맞대고
햄버거를 먹는다
검정조끼 하양조끼 노랑조끼
겉옷은 달라도
머릿결은 동색(同色)
한 입 베어 물고 창밖을 보고
또 한 입 베어 물고 창밖을 보고
입놀림도
손놀림도
느린 걸 보면
배가 고프다기보다
마음이 고파
창가에 모여 앉은
초로의 노인들
지폐 한 장으로 하루를 때운다

주지스님

대적광전 뒤뜨락에
뒷짐 지고 홀로 서서
먼 하늘 바라보는
노스님의 눈동자엔
구름처럼 흘러가는
수심 한 조각

스님도 갈대려니
꽃 피고 새가 울면
흔들리지 않을쏘냐
폭풍우 몰아치면
엄마 생각 안 날쏘냐
접동새 슬피 울면
곡차 생각 안 날쏘냐
가사 장삼 훌훌 벗고
날고 싶지 않을쏘냐

점박이

반 평짜리 철망에 갇힌
외래종 점박이
아득히 오래전부터
한 팔 길이 쇠줄에 목이 매인
중늙은이 점박이는
뜀박질을 잊은 지 오래다
앞다리의 용도란
낮잠 잘 때 대가리를 얹는 베개일 뿐

이방인의 기척에도
암캐의 교태에도
감은 눈을 뜨지 않는다
비가 오고 눈이 내려도
엎드려 잠만 자는
점박이
이따금 지나치는 산책길 사내에게
이빨을 드러내고 으르렁거리는 것은
손길이 그립고
자유가 간절하다는

점박이만의 구애 방식

허전한 느낌에
걸음을 멈추고 철창 안을 들여다본다
텅 빈 개집
마른 바닥에 똥덩어리만 수북하다
그제였던가
개장수의 고물트럭이
쇠창살 우리를 짐칸에 싣고
동네를 한 바퀴 돌았는데

설마
그럴 리가

들꽃

허리 굽혀 풀숲을 들춰 보면
이름 모를 들꽃이 그늘에 숨어 있다

산촌을 샅샅이 들여다보면
들꽃처럼 소외된 적잖은 이웃들이
음지에서 떨고 있다

뇌출혈로 머리를 열었던 그 청년
저는 다리로
아침마다 산촌을 걷는다
쉬지 않고 걷는다

지적 장애로
산촌을 벗어난 적이 없는 그 사내
인력거에 두엄 싣고
고개 넘어 천수답이나 오가는 게 전부

고질이 된 소심증 그 아낙

종일 지아비 묻힌 먼 산을 바라보다
캐디 아들이 집안에 발을 들여야
처진 눈을 반짝 뜬다

소싯적에 침을 잘못 맞아
손목이 꺾이고 말문을 트지 못한 그 늙은이
육순이 넘도록 침흘리개
실실 눈웃음이 가련하다

피는 줄도 모르게 피었다가
지는 줄도 모르게 지는
들꽃

봄비 내리는 뜨락에서
그 집들을 굽어보면
공연히 헛기침만 나오는 건
무슨 연유이던가

도시 나그네

산비탈 할미꽃이
꽃샘추위에 떨던 날
낡은 승용차에서 내린 사내
회화나무집 마당에 발을 디딘다
색 바랜 재킷 헤진 구두
숨길 수 없는 궁기

소주 한 병 달랑 들고
공동묘지에 올라
비석 없는 무덤 앞에 무릎을 꿇는다
엄마 생각 간절했지만
비즈니스가 바빠 올 수 없었다고
어깨를 들먹인다

십 년 만의 귀향이련만
남이 볼세라
서둘러 산을 내려와
황망히 산촌을 빠져나간다

도시에서 성공했다던
회화나무집 둘째 아들이
쫄딱 망했다고
뒷소리가 분분했는데

내년에는
어깨 펴고 다시 오기를
손도 잡아보고
밤하늘 별도 헤고
할미가 된 금자 얘기도 하며
술 한잔 나눌 수 있기를

그이

단톡방에 올라온 사진 한 장
혼주 부부를 가운데 세우고
웃는 얼굴로 길게 늘어선 사내들

왼편 끝자락에
초췌하게 굳은 얼굴
이이가 그이인가
이이가 그이로구나
놀랍기도 하여라

산사 가는 길 갈빗집에서
그이와 그이의 아내와 셋이
술잔을 채우며
허무를 탓하던 일
아직도 선명한데

그이의 아내가
별이 되었다고
바람이 전하던 날

엊그제였는데

사진 속의 그이는
딴사람이 되었구나
상처(喪妻)의 상처(傷處)가
얼마나 곪았으면

핸드폰 키보드를 누르려다
손길을 멈춘다
말로
글로
가라앉을 비애가 아닐 것이므로
멀리 산촌에서
그저 지켜보는 수밖에

오미자

다섯 가지 맛이 난다 하여 오미자
생과로 먹지 못하니
과일이 아닌 듯
포도송이를 닮았으니
과일인 듯
알알이 담겨 있는
단맛 쓴맛 매운맛 짠맛 신맛

산다는 건
오미자 맛
누구든
한 가지 맛으로만
살 수는 없는 일

단맛에 감사할 줄 알고
쓴맛에 겸손할 줄 알고
매운맛에 자제할 줄 알고
짠맛에 베풀 줄 알고
신맛에 너그러울 줄 아는 것

바로 오미자 맛

산다는 건
오미자 맛
한 가지로 단정할 수 없는
오묘한 맛
누구에게나 공평한
순환의 맛

봄 할머니

모래먼지 자욱하고
돌개바람 사나운데
한 손에는 다래끼를
또 한 손엔 호미 들고
비탈길을 내려오는
허리 굽은 저 할머니

처녀 적의 봄 그리워
나물 찾아 나섰는가
능선 너머 작은골에
잔대 캐러 갔었는가
죽은 할배 무덤에서
신세 타령 하였는가

봄 처녀의 빈 자리를
봄 할미가 메웠구나
허리 굽은 할미 덕에
봄 깊은 줄 알겠구나
전설이 된 봄 처녀는

다시 오지 않을 건가
봄 할머니 가버리면
누가 봄을 전할 건가

달님에게

도시에서 잠 못 드는 그에게
달님이여
내 말을 전해주오

신이 그대의 피붙이를 그토록 일찍 소환한 건
맡길 일이 있기 때문이므로
좌절하지 말자고

우리의 몸은 신의 소유이므로
신의 결정을 원망하지 말자고

그래도 못 견디게 그리우면
참지 말고 눈물 펑펑 쏟자고

그러나 죽도록 그리움에 겨워도
사랑만은 포기하지 말자고

남은 인생 신의 뜻에 맡기고
사랑으로 살자고

달님이여
내 말을 전해주오

한낮의 갈등

질기기로 치자면
잡초만 한 게 있으랴
왕성하기로도
단연 잡초가 으뜸
풀 베기에 지쳐
제초제를 살포한 후
사막이 된 솔밭

여치가 사라지고
방아깨비가 몰살당했다
숨을 곳을 잃은 개구리도
신천지를 찾아 떠났고
허기진 뱀이 똬리를 틀고 앉아
개구리의 행방을 궁리한다
배곯은 두루미마저 미련 없이 날아가고
황폐한 솔밭에는
불개미만 득실거린다

비닐하우스에 들어가

수국에 물을 준다
하우스에 숨어든 참개구리 형제
화들짝 놀라 화분 뒤에 숨는다
먹을 것과 숨을 곳이 없어진 솔밭을 떠나
낙원으로 간 줄 알았는데
고작 비닐하우스라니

굶주림에 고향을 등지고
산악 국경을 넘다
총알받이가 된 아프리카 형제
산촌에서 참개구리로 부활했으나
쫓기기는 매한가지

내년에도 제초제를 뿌려야 할까
갈등이 깊은
여름 한낮

가을의 소리

마른 꽃잎에 엎드려
가쁜 숨을 몰아쉬는
고추잠자리의 마지막 신음 소리

석양을 가르며
이국으로 회귀하는
철새 무리의 날갯짓 소리

볏짚 걷고
귀가하는
낡은 트랙터의 허기진 엔진 소리

약초 바랑 둘러메고
저녁 어스름을 걷는
등 굽은 노인의 지팡이 짚는 소리

찬바람에 쫓겨
신발장에 숨어든
귀뚜라미의 짝 부르는 소리

깊은 밤 홀로
책장을 넘기는
산촌 나그네의 하품 소리

이름 그리기

하루에 반나절
한 달에 열흘
마을 길 폐지 줍고
손에 쥐는 보수 27만 원

다리 저는 할매
허리 꺾인 할배
쓰레기를 치운다기보다
집게를 지팡이 삼아
뒤뚱대다 시간을 보낸다

나라에 돈이 많아 엉뚱한 데 쓴다고
투덜대는 이 다수
저렇게라도 용돈 드리면
좋은 나라 아니냐고 끄덕이는 이 소수

민원이 두려운 행정관청은
출석부에
도장 지장 말고

동그라미 세모 네모 말고
오로지 손으로 이름을 직접 쓰라고
지시했다나

그제야 글을 배우기 시작한
허리 꺾인 노인
열흘이 넘도록 이름을 그리지 못해
출석부에 전처럼
동그라미만 덜렁

배워도 배워도 잊는 걸
낸들 어쩌라우
당신 먼저 답답하다는
노인의 푸념

잘하셨수
잊는 게 좋은 거지유

궂은일 그리운 일 가슴에 담아 두면

서러워 어찌 살겠수
그깟 글 나부랭이 잊으면 어떠우
잘했수 할매
이장의 역성에 기가 살아
집게와 비료포대 들고 다시 집을 나선다

이 서방

칠십 대 중반 이 서방은
집안에서는 할아버지
경로당에서는 막내
충무 감투 쓰고 하는 일이란
술 시중
신발 정리
귀 어두운 누님 말벗 하기
다리 저는 성님 지팡이 챙기기
허드레 뒤치다꺼리를
그만둘 수 없는 건
젊어 죽은 부모가
시리도록 그리워서라나

가을 산사

원통보전에서
관세음보살님이 사라졌다

대적광전에서
비로자나부처님이 사라졌다

경내를 샅샅이 둘러보아도
종적을 찾을 길 없어
삼성각 산신님께 행방을 여쭤보니

경박한 웃음소리
혀 꼬인 고함소리
어지러운 발자욱소리
분 냄새
술 냄새
정신이 혼미하여
인적 없는 골짜기로
요양을 가셨단다

어쩌면 영영
돌아오시지 않을지도 모른다고
산신님 한숨이 깊다

부처님 없는 절도
절이라 불러야 하나

만추

이순이 되도록 총각인 그 사내
들깨밭에서 도리깨질을 하네

빨간 조끼를 입은
처음 보는 아낙이
곁에서 일손을 거드는데

다소곳한 자태가
하늘이 내린 선녀로구나

반신불수 늙은 어미가
이태 전에 하늘로 갔는데
홀로 남은 노총각 아들이 가여워
하늘을 꼬드겼거나
종주먹으로 을러댔거나
그랬을 거야

선녀가 내려온 걸 보면

하늘에도 가을이 익었나 보네
곱디고운 단풍 하나
살포시 산촌에 내려와
들깨밭에 앉은 걸 보니

여보게 늙은 총각
작작 웃으시게나
입 찢어지겠네

돌잔치

결혼 십 년 차 외며느리가
시험관 아기를 잉태하던 날
늙은 시아비는
술을 한 병이나 마셨다

채 한 달을 넘기지 못하고
유산 소식이 있던 날
늙은 시아비는
술을 한 병이나 마셨다

베트남 댁 돌잔치에 가서
술을 한 병이나 마시고
늙은 시아비는
청승맞게 눈물을 질금거렸다

대 끊긴 게
제 허물이라고
조상 뵐 면목이 없어
죽지도 못하겠다고

너를 보낸다

희귀병에 걸린 갓난아기가
화면 속에서
울지도 못하고 자지러진다
정신박약 젊은 홀어미는
치료를 포기하고
망연자실 눈물만 떨구는데

지갑 속의 구겨진 지폐 한 장
네가 떠오르는구나

촌부(村夫)의 낡은 지갑 속에서
바깥 구경도 하지 못하고
벗도 없이
외로웠을 너

촌부에게 너는
있어도 그만
없어도 그만

네가 있어야 할 곳은
고린내 나는 지갑 속이 아니므로
너를 보낸다

날아가거라 미련 없이
자선단체의
홀쭉한 모금함 속으로

너 하나로
세상이 따뜻해지지는 않을 테지만,
벗들 모이고 모이면
아픈 아기 하나쯤은
웃게 할 수 있지 않겠느냐

너를 보내고 나는
부자가 되련다
많이 가진 자가 부자가 아니라
주는 자가 부자라 하지 않더냐

삽질할 힘이 남아있을 때
너를 보내게 되어
얼마나 다행이더냐

걱정

절기는 상강
산꼭대기 이파리에 단풍이 들고
수확 끝난 들판에
찬비는 날카롭게 꽂히는데
풀섶에서 희미한
개구리 우는 소리

울음이 가녀린 걸 보면
어미는 아닐 테고

이 비 그치면
기온이 뚝 떨어져
긴팔옷을 입어야 한다는데
너는 아직
잠잘 곳을 찾지 못했느냐

땅속이든 돌 틈이든
스며들어라
북풍한설 모진 겨울 기어이 이겨내고

봄비 내리거든
다시 보아야지

그제였던가
청개구리 한 마리
난간에 엎어져
객사했는데

빗줄기가 거세질수록
촌부의 시름이 깊어진다
네 걱정에

아픈 기억

저녁 무렵이었어요
싸락눈이 내렸던 것 같기도 해요
하늘이 흐려 어둠은 한층 두터웠어요
판자촌 함석지붕이 바람에 덜컹거렸지요
목사님이
포대기에 누워 있던 아가를
머리만 크고
몸통은 기껏해야 어른 팔뚝만 한 아가를
하얀 무명으로 조심스럽게 감쌌지요
성스러운 손놀림이었어요
염을 마치고
나는 목사님을 거들어
아가를 승합차에 실었어요
매장지까지 배웅하고 싶었지만
거기까지만 하자는 목사님의 만류로
막다른 골목에서 망연히
어둠 속으로 사라지는 승합차를
지켜보기만 했어요
이름을 얻기도 전에 죽은 아가

살아 있다면
서른을 넘겼을 겁니다
나를 삼촌이라 불렀겠지요
그 저녁의 기억
아직도 아픕니다
신의 존재를 의심하기 시작했죠

대한

뼈 빠지게 일만 해서 뭘 해
적금은 부어서 어따 쓰려고
내일 걱정은 또 무슨 소용
땅강아지만도 못한 인생
죽어 자빠지면 그만인 걸

비닐하우스 안에서
홀로 사는 늙은 홀아비가
버럭 역정을 내도
반장은 할 말이 없다

동트는 새날이
어떤 이에게는
희망이 아니라
절망이란 걸
알기에

휘이잉
대추나무 마른 가지가

찬바람에 우는
대한

단짝

경로당에 내려가
점심이나 먹고 오라는 며느리 채근에도
노인은
대문 앞에 쪼그리고 앉아
뻐끔뻐끔 담배연기만 빨아들인다

평생지기 단짝이
갈참나무 숲에 묻힌 뒤로
혼자 훌쩍 떠난 매정이 노여워
밥을 먹어도 배가 고프고
술을 마셔도 속이 허전하다네

해마다 없어지는 얼굴
늘어나는 빈자리
내년엔 내 차례지 싶은데
그리움 한 조각 남기기 싫어
발을 끊었다네

짧은 겨울 해는

능선 너머로 떨어지는데
처마 끝 고드름은
눈물만 뚝뚝 떨구는데

제3부

엄마를 묻고

그날 밤

엄마를
선산 아버지 곁에 묻고
산에서 내려와
삼 년간 끊었던 술을 한 병이나 마셨다
술맛은 그러나
짝사랑 계집애와 성인이 되어 조우했을 때처럼
설레지도 달콤하지도 않았고
덜 익은 망고를 처음 베어 물었을 때처럼
떫고 낯설었다

요양원에 갇혀
오지 않는 아들을 기다리는 엄마를
떠나 보내면
홀가분할 줄 알았는데
엄마를 묻은 이밤이 이토록
서럽고 억울할 줄 미처 깨닫지 못했다며
누이와 마주 보고 앉아
꺼이꺼이 술주정을 부리다
이른 밤 술병 속에 누웠으나

잠은 깊지 않아서
한밤중에 퍼뜩 눈을 뜨고 일어나
냉수 한 대접 들이켜고
창밖을 내다보니
샛노란 보름달이
잔설이 듬성듬성한 솔밭 허공에서
얄밉게도
환하게 웃고 있었다

다시 누워도 잠은 오지 않고
설핏한 어둠 속에서 정신만 도리어 말똥말똥해졌다
곁에 누운 아내의 숨소리가 가벼운 걸 보면
아내 역시 잠들지 못하고
추억의 오솔길을 이리저리 배회하고 있으리라
아내의 가슴에 손을 얹으니
갈비뼈가 드러나도록 푹 꺼진 엄마 젖가슴이 떠올라
속으로만 꺼이꺼이
또 한 번 주정을 부렸다
그렇긴 해도

혼자가 아니어서 외롭지 않은 밤이다

세월은
초원을 가로지르는 맹수처럼
준엄하고
거침이 없으며
하늘은
모든 이에게 공평해서
기쁨만 내리지 않고
슬픔만 내리지 않고
양지에만 내리지 않고
음지에만 내리지 않으니
이 밤의 뒤척임이
나만의 번뇌는 아닐 거라고 스스로 다독이다
새벽녘에야 스르르 선잠에 들었다

낮잠

법당에 들어설 때마다
대자로 바닥에 누워
낮잠을 자고 싶다
길게 드리운 햇살과 마주 보고 누워
낮잠을 자고 싶다
비구니 스님의 법화경 독송을 귓등으로 흘리며
낮잠을 자고 싶다
오늘따라 유난히
낮잠을 자고 싶다
영단(靈壇)에서 굽어보는 어머니와 눈을 맞추며
낮잠을 자고 싶다
백 년보다 긴 망각의 잠을

사십구재

어머니의 사십구재 초재가 열린
원통보전 법당에서
오늘은 또 다른 영가의 천도재가 열린다
비구니 스님의 금강경 염불은
그때나 지금이나 낭랑하다
내일도 열릴 것이고
모레도 열리겠지
법당에서 죽음은
밥을 먹는 것처럼 자연스러운 일상이다

내 죽으면 화장 말고 땅에 묻어 주시게
들깨 필요하면 더 심으시게
뒷산 고사리는 늦지 않게 꺾으시게
제삿밥은 먹고 싶네
이 통장 내겐 더 이상 필요가 없네
죄인의 귀에
비구니 스님의 금강경 독송은
생전 어머니의 가난한 유언으로 들린다

초재를 치르고 일주일
나는 일주일 치의 슬픔을 덜었고
어머니는 일주일 치의 거리만큼 극락에 다가갔는데
가슴에 묻은 죄책감은
조금도
가벼워지지 않았고
멀어지지도 않았다
하여
찬바람을 비집고 피어오르는 아지랑이를 보고도
봄이 오는 줄 모르고
나 혼자 한겨울이다

생신

잡채와 샐러드와 미역국
어머니가 즐겨 드시던 음식들
바구니에 담아 아내와 함께 선산에 올라
새로 단장한 봉분 앞에
돗자리를 깔고 상을 차렸으나
돌아가시고 며칠 되지 않아 처음 맞는 생일인데
제물이 조촐하여
효심이 부족한 게 아닌가 후회를 한다
하기야 언제 효심이 있기는 했었나

술잔을 올리고 재배를 하고
봉분 한편에서 졸고 있는
시든 국화꽃을 바라본다
목이 꺾인 잿빛 국화꽃
생전에 휠체어에 앉아
까무룩 졸던 어머니를
영락없이 닮았다
그 모습 차마 볼 수 없어
등을 돌려 멀리 들판을 내려다본다

죄다 내 탓인 양
기포처럼 끓어오르는 죄책감
효자이십니다
요양원에 칭송이 자자합니다
마지막 작별 인사를 나누던
요양원 간호팀장의 위로도
자책을 가라앉히기에는
역부족이다

아내와 무덤 앞에 마주 앉아
우짖는 산새를 벗 삼아
젯밥으로 늦은 아침을 먹는데
입맛은 염치없이 왜 이리도 왕성한지
음복주는 주책없이 왜 이리도 달콤한지
우수를 눈앞에 둔 늦겨울의 산바람은 왜 이리도 포근한지
그래서 산 사람은 살 수 있는가 보다

풍경 소리

원통보전 영단(靈壇)에
새로 놓인 영정사진
어린 병사 그 속에서 수줍게 웃고 있네
검정색 베레모와 그을린 피부
아하
공수부대 신입대원쯤 되겠구나
검정색 뿔테 안경에 반짝이는 눈동자가
입대 전에는 학구파 대학생이었다고
슬며시 고백하네
무슨 변을 당했기에
평화의 시대에 한 장 사진으로 남았는가

그 아비의 절규와
그 어미의 통곡이
공작산 능선을 타고 산사에 내려와
땡강땡강
풍경을 울린다
어둠이 깔리는 산사 법당에서
사진 속의 어린 병사는

풍경소리에 실린
그리운 이들의 갈라진 쇳소리를 듣고는 있나

생과 사의 경계가 이다지도 허술할 줄이야
삶이 이렇게 잔인할 줄이야
오늘이 인생의 마지막 날이 될지도 모른다는 생각에
요동치던 속은
되레 고요해진다

요사채에 불이 켜지고
자갈 밟는 신발 소리가 공양간으로 몰리는
산사의 저녁
땡강땡강
풍경소리가 요란하다
어서 와 밥 먹으라는
그 아비의 절규와
그 어미의 통곡에
아랑곳하지 않고
사진 속의 어린 병사는

대답 없이
해맑기만 하구나

기도

숨어 핀 제비꽃이
바람결에 하늘거리는
산사

풍경이 침묵하고
목탁이 숨을 고르는
법당

향연 자욱한 영단에는
젊은 병사의 영정 하나뿐
이웃하던 영가들은 어디로 갔는가

불전에 가부좌를 틀고 앉아
모든 죽어가는 것을 사랑하겠다던
옛 시인의 마음으로 기도한다

그곳에선
행복하여야 한다고

늦잠

달이 운다
반달이 운다
잠 못 드는 아이가 가련해
반달이 운다

달이 노래한다
반달이 노래한다
뒤척이는 아이를 달래려
자장가를 부른다

달이 웃는다
반달이 웃는다
잠든 아이가 깰까 봐
구름 뒤에 숨어서
입 가리고 웃는다

달님의 자장가를 들으며
아이 같은 사내는

창밖이 훤하도록
늦잠을 잤다

울고 싶었지만

엄마가 들던 작은 손가방
지폐 한 장 없이
녹슨 동전 두어 개와
아버지 증명사진이 전부인
색 바랜 싸구려 비닐 지갑을
재활용 비닐봉투에 욱여 넣으며
울고 싶었다

꽃무늬 블라우스와 연분홍 잠옷과 뜨개질 겉옷
엄마가 입던 오래된 옷가지를
팔천 원에 고물상에 넘기고 돌아서는데
녹슨 쇠붙이 더미에 엄마를 밀어 넣은 것 같아
울고 싶었다

엄마가 다니던 경로당 맞은편
쓰레기 수거장에
엄마가 신던 오천 원짜리 빨강 고무신
몇 번 신지 못해 아직 상표도 떼지 않은 성한 고무신을
던지고 돌아서는데

엄마를 오물통에 버린 것 같아
울고 싶었다

어둠 깊은 흐린 밤
엄마가 가꾸던 텃밭에
엄마가 덮던 목화솜이불을 쌓아놓고
불을 붙인다
암흑 속에서 용트림하는 뜨거운 화염 속에
엄마를 내던진 것 같아
울고 싶었다

서녘 밤하늘에
못 보던 별 하나
엄마의 눈망울을 닮은
새 별의 전언
자책은 이제 그만
슬픔도 이제 그만
정녕 헤어질 시간이 되었으므로
좋은 추억만 간직하기로 하세

그리하여
끝내 울지 못하고

불꽃은 사위어 어둠에 잠기고
언덕 너머 이웃 마을에서 컹컹 개가 짖는다
산촌 나그네의 신발 끄는 소리라도 들었단 말인가

백학

바람이 휩쓸고 지나갈 때마다
파도처럼 일렁이는 녹색의 벼 포기
밀려오고 밀려가는 물결 속에
백학 홀로 외로워라

물 한 모금 마시고
북방 하늘 바라보고
또 한 모금 마시고
긴 한숨 몰아쉬고
고향에 두고 온 님 걱정에
서글피 애만 타는구나

외로워 마라
그대 섧다고 한들
빈 하늘만 바라보며 님 그리는
산촌 나그네보다
더하기야 하겠느냐

남은 인생

남은 인생
먼바다에 떠있는 돛단배처럼
해풍에 밀리는 대로
파도에 쓸리는 대로
흔들리며 사는 수밖에

내 마음의 계절은
늘 갈수기였으므로
사랑의 저수지는 언제나
비어있었다
남은 인생
원망하지 않고
탓하지 않고
오로지 그리워하며
사랑만으로 살 일이다

입시를 앞둔 수험생처럼
치열하게

말기 암 환자처럼
애절하게
먼 길에 나서는 나그네처럼
뚜벅뚜벅
서두르지 말고
바다거북처럼
더디게
더디게
살 일이다

겨울이 저무는 소리

산사를 안고 흐르는 개천 바닥
하얀 얼음장 밑에서
희미하게 들리는 개울물 소리
겨울이 멀어져 가는 소리로구나

사천왕문 버드나무 가지에 떼 지어 몰려 앉아
제멋대로 조잘대는
산새들의 들뜬 수다
겨울이 떠나는 소리로구나

용담폭포 개울가에서
썩은 고목의 마른 가지가
계절풍을 가르는 소리
겨울이 물러나는 소리로구나

진압군의 군홧발보다 잔인했던
영원토록 지배할 것처럼 거만했던
위압적인 겨울도
그리운 이를 둘씩이나 앗아 간

매정한 겨울도
남풍에 쫓기어 속절없이
북방으로 밀리는구나
그 태연하고 천연덕스러운 뒷모습을
저주할 수 없는 건
그것 또한 거스를 수 없는
삶의 순리이기 때문이리라

거짓말

시간이 약이라는 위로는
유행가 가사에나 존재하는
거짓말
어렸을 적 엄마의
얼룩진 행주치마에서 풍기던 비릿한 설거지 냄새는
객지에서 홀로 떠돌던 소년을
열병에 빠뜨렸던
지독한 그리움
그 상처는
귀밑머리에 희끄무레하게 성에가 끼도록
아물지 않았다

또 다른 반백 년이 흐른다 해도
때때로 코끝에서 맴돌던 그리움의 냄새는
비바람에 쓸리고도 천 년을 견딘
산사의 부도처럼
조금도 풍화되지 않을 것이다

저만치 논배미에서

마른 바닥에 대가리를 박고 먹이를 고르던
철새 한 쌍이
기척에 놀라 화드득
흐린 하늘로 솟아오른다
시간이 약이라는 말은
아픈 적 없는 사람이
아픈 이에게 던지는 하얀 거짓말
어떤 상처는
더께가 켜켜이 쌓이도록 아물지 않거든
끼룩끼룩

작은 점이 되어 이웃 논배미로 사라지는 철새는
계절이 바뀌면 돌아갈 터이지만
돌아오리란 믿음이 있어
이별이 서운하지 않다

이유를 모르겠어

연무에 갇힌 솔밭을 걷다가
길게 목을 빼고
엄마가 누워있는 선산을 바라보면
진 바둑을 복기할 때처럼
지나간 추억의 마디마디가 죄다
아리고 후회스러워

늙어간다는 것은
남이 대신할 수 없는 일
죽음이야 더더욱 그럴진대
생전 엄마의 혹독했던 고통이
모두 내 탓인 양
탄식으로 하루를 마무리하곤 해

그건 누구의 탓도 아니며
모든 생명체의 숙명이라는 걸 알면서도
자괴의 감정을 떨쳐버릴 수 없는 이유를
모르겠어

정말 모르겠어

처마 밑에서 졸고 있는 애먼 고양이에게
발길질이나 할 수밖에

악몽

낯선 사내에게 쫓기다
내가 지른 괴성에 내가 놀라
번쩍 눈을 뜨고 상체를 일으킨다
꿈이었구나
전원이 켜진 스피커는 머리맡에서 고요하고
오래된 소반 위에는 빈 유리잔과 반 남은 와인병
창밖은 아직 캄캄한데
삐걱
옆집에서 들리는 현관문 마찰음
여물을 주기 위해 집을 나서는 늙은 농부이리라
새벽이 열리고 있구나

겨우내 폐문했던 비닐하우스를 열고 안을 들여다보면
두 팔 벌려 기지개 켜는 파릇한 잎새
엄마 손에 들린 젖병을 보면
어서 물리라고 바둥대는
갓난아기의 애절한 눈빛
그런 꿈만 꾸고 싶었는데

어쩌다 꾸는 꿈마다
검고 낯선 추격자뿐이니
반병의 와인도 악몽을 떨치는 데에는
무용지물이다

쫓기기만 했던 삶
진정 잊고 싶은데
잊을만하면 등장하는
검고 낯선 추격자

밭일에 지쳐 깊게 잠든 여름밤
엄마도 종종
비명을 지르며 악몽에 시달리다
흔들어 깨우는 나와 눈이 마주치면
졸린 눈으로 멋쩍게 웃곤 했다
무슨 꿈이 그리 요란하느냐는 내 물음에
쫓기는 꿈이었다고
씁쓸하게 얼버무렸다

쫓기는 삶을 살았던 엄마는
쫓기는 꿈 대신
무슨 꿈을 꾸고 싶었을까
애옥살이 현모양처보다는
시인이 되고 싶었던 건 아닐까

선산을 마주 보고 서서
돌아올 리 없는 대답을 기다린다

다시 봄

콘크리트 농로를 따라 느리게 걷는 산책길
사방에 봄이 흐드러졌다
때 이른 꿀벌은 피지도 않은 꽃망울에 입을 맞추고
갈색 나비는 블루베리 가지에서 팔랑대고
트랙터가 흘린 쇠똥은 햇볕에 말라가고
남풍이 휩쓸고 간 농로에는 모래먼지가 자욱하다
지난해와 다를 바 없는 상투적인 봄

겨울에는 산 것도 죽은 것도 죄다
죽은 것처럼 보이지만
봄이 오면 생사가 가려져서
오로지 추위를 견딘 강한 것만 싹을 틔운다
겨울을 건너면서
미간에 잔주름 하나
추억에 상처 하나 추가한 나는
죽은 것인가 산 것인가

수많은 봄 중의 하나에 불과한 시큰둥한 봄
발길 닿는 곳마다 즐비한 데면데면한 봄

심드렁한 발걸음을 설렁설렁 내딛는데
볕을 쬐려 갓길에 나섰다가
바퀴에 깔려 내장이 뭉개진 새끼 꽃뱀을 발견하고
불현듯 떠오르는 얼굴
겨울의 끝자락에서
산사 영단에 한 장 사진으로 남은
젊은 병사

애틋한 눈길로 불상을 바라보던
원통보전 영단의 젊은 영가에게 이 봄은
세상에 단 한 번뿐인
두 번 다시 오지 않는
유일한 봄
누구에게는 권태로운 봄
다른 누구에게는
가슴 졸이며 애타게 기다렸던 환희의 봄

멀리 축사에서 배고픈 소들이 길게 울고
논밭에 낙조가 드리운다

구부정한 그림자를 앞세워 집으로 돌아오는 산책길
다리에 힘을 싣는다
억지로라도 그렇게 해본다
내일 새벽은 벅찬 감동으로 맞이할 일이다
뛰는 심장으로 마주할 일이다
오늘과 다른
새로운 봄
축제의 봄을
꿈꿀 일이다
젊은 병사를 대신해서라도

까만 사과

사과나무 가지 끝에 매달린
까만 사과
겨우내 얼고 녹기를 반복하다
주름만 남은 마른 사과
들새도 외면하고
벌레도 기피하는
쭈그러진 썩은 사과

임종 전 엄마의
푹 꺼진 젖가슴을 닮았다

마주칠 때마다 소환되는
불치의 상흔
기도도
사랑도
지폐도
죽음의 고통을 조금도 덜지 못했다
돌아갈까 망설이다
가던 길을 그냥 간다

외면한다고
피할 수 있는 운명이 아니므로

그분들처럼

서낭고개 오르는 골짜기
뒷산 너머 논골
어머니가 알려준 비밀의 장소에는
고사리가 지천이다

찌그러진 양동이에 물을 받아
그을린 양은솥에 붓고
소나무 마른 가지를 불쏘시개 삼아
물을 끓인다
양동이도 양은솥도 불쏘시개도
어머니가 쓰던 것 그대로이다

물은 나물이 잠기도록 넉넉하게 잡고
수증기가 솟을 때까지 한소끔 푹 삶으시게
나물이 물에 잠기지 않으면
수증기에 데어 색깔이 까맣게 변한다네
어머니의 방식 그대로 따라 하면
질기지도 연하지도 않게 안성맞춤

아버지가 만든 대발에
삶은 산나물을 말린다

나의 시골살이는
그분들 방식
도구도 재료도 방법도
바뀐 게 없다
그분들은 선산에 묻혔어도
기억은 생생하게 살아있어
잘하면 칭찬
못하면 잔소리
여전히 귓가에 쟁쟁하다
나머지 시골살이도
더도 덜도 말고
그분들만 같았으면

나 죽어 그분들 발치에 묻히면
어머니처럼 자애로운

아버지처럼 검소한

그런 부모로 기억되었으면

그 후

자갈 틈에 뿌리 내린
연분홍 코스모스가
소슬바람에 흔들리던 날

스님 떠난
산사에는
풍경 소리만
무심하더라

님 떠난
산촌에는
산새 소리만
무정하더라

콩물국수

집밥이 물려
기름진 음식이 생각나는 저녁
장거리 중국집에 간다

자장면 주문하고 벽에 걸린 TV를 보는데
주방에서 나오던 주인장과 눈이 마주친다

무슨 말인가를 하려다
입을 닫고 의아한 표정으로
개운치 않다는 눈빛으로
머뭇거리는 주인장

저번에 돌아가셨습니다
묻지도 않은 질문에
알아서 대답을 한다

그랬군요
콩물국수를 각별히 좋아하셨는데
시름 가득한 얼굴로

말을 잇지 못하는 주인장

음식 맛보다 인심이 후덕하여
어머니와 종종 찾던 곳

혼자 먹자니
맛을 모르겠다

그리움

잊으라 하신다고
잊을 수 있다면
그리움이 아니지요

한 잔 술에 취한다고
잊을 수 있다면
그리움이 아니지요

아득히 멀리 떠난다고
잊을 수 있다면
그리움이 아니지요

계절이 바뀐다고
잊을 수 있다면
그리움이 아니지요

이 마음
어찌하면 좋을까요

겨울나기

낮술에 취한 술꾼처럼
댓돌에서 비척거리는
말벌 한 마리
따스한 햇살에 속아
동면을 깨고
때 이르게 집을 나섰다가
찬바람을 맞고
정신을 잃었다
해빙이 오는구나
님 떠난 산촌에서
긴 겨울을
용케 버텼다
너무 외롭지 않게
너무 그립지 않게

이 나이 되도록

이 나이 되도록 나는
사내다운 적이 없습니다

체온이 식지 않은 엄마를
시체실에 밀어 넣던 기억이 떠오를 때마다
가슴이 미어져 솔밭을 배회합니다

이 나이 되도록
어머니를 엄마라고 부릅니다
꼬부랑 노인이 되어서도 그렇겠지요

엄마가 그리워 몸부림치던
고인이 된 시인의 시를 읽고
연거푸 와인잔을 비웠습니다

사랑으로 병든 엄마를 봉양하는
젊은이를 텔레비전에서 보고
부끄러운 마음에 밤을 꼬박 새웠습니다

이런 내가 사내답지 못하지만
어찌합니까 엄마 앞에서는
죽을 때까지 아가인 것을

건망증

이중섭을 다룬 장편소설《나목》으로
마흔둘에 등단한 여류 작가가 있지
《엄마의 말뚝》은 교과서에 실리기도 했어
아차산 골짜기에서 말년을 보냈다지*
몇 년 전에 작고했는데
아무리 이름을 기억하려 해도
필라멘트 끊긴 알전구처럼 캄캄하더군
얼굴은 선명히 떠오르는데

밥벌이에 미쳐 날뛰던 시절에도
꾸준히 흠모했고
섬세한 묘사를 흉내 내려
늦은 밤까지 자판을 두드리기도 했고
마르지 않는 어휘력을 시샘하여
옥편을 통째로 외우기도 했는데
이름을 기억할 수 없었어

---

* 故 박완서 님

기억해야 할 것은 잊고
잊어야 할 것은 기억하는
그 길목에 들어선 것인가
흠칫했지

기어코 기억해 내고야 말겠다는 오기로
며칠 머리를 굴렸으나
귀밑머리만 쥐어뜯다가
공짜 독감주사를 맞으러 보건소에 다녀오던 날
더는 참지 못하고 인터넷을 검색했어

그게 노화의 전조라면 받아들여야 하겠지만
나를 잊고 그대를 잊고 모두를 잊더라도
생전 어머니의 가난했던 사랑만은
죽어 흙이 되더라도
잊지 말아야 할 텐데

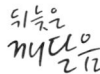

초판 1쇄 발행 2025. 3. 6.

지은이 박유인
펴낸이 김병호
펴낸곳 주식회사 바른북스

편집진행 박하연
디자인 김효나

등록 2019년 4월 3일 제2019-000040호
주소 서울시 성동구 연무장5길 9-16, 301호 (성수동2가, 블루스톤타워)
대표전화 070-7857-9719 | **경영지원** 02-3409-9719 | **팩스** 070-7610-9820

•바른북스는 여러분의 다양한 아이디어와 원고 투고를 설레는 마음으로 기다리고 있습니다.

이메일 barunbooks21@naver.com | **원고투고** barunbooks21@naver.com
홈페이지 www.barunbooks.com | **공식 블로그** blog.naver.com/barunbooks7
공식 포스트 post.naver.com/barunbooks7 | **페이스북** facebook.com/barunbooks7

ⓒ 박유인, 2025
ISBN 979-11-7263-250-2 03810

•파본이나 잘못된 책은 구입하신 곳에서 교환해드립니다.
•이 책은 저작권법에 따라 보호를 받는 저작물이므로 무단전재 및 복제를 금지하며,
이 책 내용의 전부 및 일부를 이용하려면 반드시 저작권자와 도서출판 바른북스의 서면동의를 받아야 합니다.